はしがき

この冊子は、山形縣社會教育協會の主催により、今年二月十六日、山形市において標題と同一の演題のもとに試みた講演の速記録を本とし、これに附錄として、米澤市における同題の講演の一部、並に終戰來四月までの主要關係文献を添へたものである。天皇制論議の展望は、もと時事通信社「時論要解」編輯部の委囑によるものであつて、その仕事はこの冊子刊行後もつゞけられてゐる。新憲法下の國体観はどうあるべきかこの問題の考察のためには、やはり天皇制論議の全貌をまづ知る必要があらう。

昭和廿一年七月十七日

天皇論大觀

大熊信行

天皇はわれわれ日本國民にとつて絶對の御存在であつて、政治道德その他一切の文化の根源としてこれを國民は信じてをり、またさう信ずべき立場におかれてをつた。しかるにこのたびの戰爭を結ぶにあたつて、聯合國側がすでに設けてあつた數々の降伏條件をそのまゝ我國が受諾することになつた結果、その直接の結果として、わが國体の問題を日本國民自身が自由に論議しなければならないといふ、嘗て思つてみたこともなかつた立場におかれたのであります。ポツダム宣言は、日本政府がこの戰爭に勝算なしと見切りをつけて和平工作に着手した後に、——尤もこの和平工作は國民多數の知るところではなかつたのであるが、その日本の降伏の意思を受けいれて、それでは戰爭を打切るための機會と架け橋を與へてやらうといふので、聯合國側が拵へたものが外ならぬポツダム宣言であつたわけであります。この宣言の內容が最初日本の各新聞紙上に發表された時には、日本の政府はこれを極めて輕く足蹴にでもしたやうな印象すら與へたのであるが、實はこの共同宣言が日本の和平交涉に對する一つの回答であつたのだといふことは、最大多數の國民は心づかなかつた。しかし終戰後に改めてその全文が發表されて見ると、その冒頭にこれは聯合國側からの我が日本に對する返答だといふこと、戰爭を打切らうと思ふならばかういふ條件で、これ以上は一文もまけられないぞ、といふ回答であることが判明したやうなわけでありました。

八月十日直前までの我が國はこの共同宣言を無條件で受諾するかしないかといふことで廟議決せず、八月九日の晚は殆ど徹夜で論議が續けられ、翌十日の朝からラヂオの定時放送も止んでをります。この日本の歴史あつて以來の最大の危機、聯合國側の共同宣言を悉く受け容れるかどうかといふ論議の焦點となつたものこそ、外ならぬ『國体護持』の問題であつたのでありますが、わが國は聯合國側の正式な回答を待つて――、その回答を解釋するに際しては『國体護持』の一線は守り得るものといふ一方的な諒解の下に、つまり『天皇の統治權の變更は意味しないもの』といふ、いはゞ獨りぎめをした形で、遂に受諾を決したのでありますが、「國体」といふ一語はわれわれにとつてこそ何の不思議もない言葉のやうでありましたけれども、西洋の諸外國にとつてはこれは飜譯しやうのないやうな、つまり日本だけの言葉であつたのであります。

聯合國側が日本國民の自由に表明された意思によつて日本の「最終政治形態」は決らなければならないといふ時の、その「政治形態」といふ言葉の中には、實は日本側でいふ「國体」も「政体」もみな含まれてゐたのでありまして、かくしてポツダム共同宣言の無條件受諾といふ一事は、その日八月十日からわが國体、いひ換へれば天皇及び天皇制の問題が自由なる討議の的となるべきこと、したがつてまた、その根本的な變更の生ずることが起り得べきことを、意味したわけであります。

君主政体といふ言葉は私ども子供の時から聞いてをりますが、「天皇制」といふ言葉はこれまで聞かなかつた言葉である。この問題について自由に論議せよ、といふ指令を最高司令部から更めて十月四日にうけ取つた日本國民は、なかなかおいそれとさういふ風な論議に突入することは出來がたいやうな状態でありましたが、やがてそろ〳〵十一月初旬頃から東京の新聞紙上等に、この問題を中心とするところの論議が現れはじめ、翌十二月、年明けて一月と、この三ヶ月に亘つて東京各紙に、すなはち讀賣報知、朝日、毎日といふ順序で、讀賣は十一月初旬、朝日は十二月中旬から下旬にかけて、毎日は今年の元旦からといふ風にして、それぞれ注目すべき座談會記事を連載したのであります。その中で今上陛下の戰爭御責任問題に觸れた例も二、三あるが、いま天皇制の問題を考察する場合にはこの御責任の問題は一應別個の問題であるといふことを豫め知つておかなければならないのであります。尤も陛下の御退位が天皇制の將來に對してどう響くかといふ將來の見透しにつきましては、アメリカあたりでも輿論が二つに分れてゐるやうでありまして、その意味ではこれも天皇制の問題に全く無關係といふわけにはゆきません。

さて天皇制の問題を論議することが自由であるといふのみならず、論議せねばならぬといふ事態に當面しては、たとへ言葉として、また文字としてこのことに觸れずとも、われわれ八千萬同胞の、しかも物を考へる力を持つほどのものは、老若男女を問はず、心の中でこの問題を自分のものとしないといふことはない。私共お互ひにこの問題を胸の中に持つてをる、寢ても覺めても持つてをるのでありまして、恐らく皆さまは今日もこの集りで、何かこの問題についての最後的な決定的な結論をこゝで求めようと思つてはをられまいと思ひます。が、たゞ余りこれまで聞かなかつた米澤の一人の男がこゝに出て來て物をいふ。それを一つの御參考になさらうといふので、その人間のいふことをそのまゝ鵜呑になさる筈はないと思ひます。人間が自由に物を考へることの出來る條件を與へられ、そして問題を考へる力を持つてをるかぎり、他人にこのやうな問題についての結論を求めて、その結論をそのまゝポケットや袂に入れてお歸りになるといふ手はない。數々ある意見の一つとして、たゞ聞きおくだけといふお積りで、お見えになつたものと思ひますし、私もその積りで御參考になる資料をなるべく多く、短い時間に纏めて御話し申してみたいと思つて出て參つたものであります。しかしその中に、自ら生きた人間の申上げることでありますからして、何となく話す人間の心持ちといふものが出ないわけはない。これは當然のことであつて、いかやうにでもそれをお取り下さつて差支へないのであります。

かく申す私自身が、なほ一層聰明な人、一層考へ深い人、一層知慧のある人の意見を、次々と聽き、それを學んで、そして自分の心に持つてゐるものをさらに檢討して見なければならないと思ふのでありまして、申上げることは今日まで私の調べ上げた範圍のものを基礎とするものの、これが必ずしも來月、來々月と、そのまゝであらうとは斷言出來ないのであります。これは何ら言ひ遁れではない。いまわれわれはこのやうな未曾有の激動の中で搖られつゝ生きてをるのであります。この激動中で一つの考へが固定して動かぬといふことは有るべき筈がないと思ふ。だん〳〵申上げる三つの新聞紙上に現れた各方面の人々の意見などでも、その座談會が濟んだあとで他の機會に述べた意見を見ると、多少の相異が感じられるといふことが、まゝあるやうでありまして、それが今日の論議の實際の姿であり、また國民の思考の推移を語るものなのであります。

天皇制の問題を考へ且論議することは、實にこのやうな慘敗を喫した、殆んど亡國の狀態にある日本國民にとつて、まさに政治的に必要なる事柄であります。つまり具体的には憲法の改正または新定の當面問題を解決するために考へぬかなければならない問題なのであります。しかし政治上の直接の必要といふこと以外に、第二に、この問題を考へ究めるといふことは精神的に深大な意義をもつたことであると思ふのであります。最後の結論がどういふ風に出て來るにしても、出て來ないにしても、この問題でわれわれが惱み拔く、もだえ拔くといふこと、苦しみ拔くといふこと自体が、非常に深い精神的な意義をもつたことだと思ふのであります。何故であるか。天皇制の問題は實はその裏をいへば、若しくはもつと適切にその根本の事柄をいへば、外ならぬ民主主義の問題である。若し天皇制の問題を天皇制だけの問題と今もなほ思つてをる人があるならば、それはこの瞬間から思ひ直さなければならない。天皇制の問題を考へ拔くといふことはどういふことを意味するのであるか、これを考へる立場はいかなるものであるのか。若しこの問題を、長い戰爭時代のあの心持ちのまゝで、考へようといふのであるならば、それは如何に考へてみたところで、何ら變つたものがそこから生れ出て來るものではないと思ふ。苟もこの問題を自ら考へて見ようとするほどの人は、これを考へる地盤を先づもつて自分の内部にもつてゐなければならないのでありますが、その地盤とは民主主義精神そのものである。もう少し具体的に政治面からいへば日本の民主主義なるものをどう立ててゆくかといふことこそ、根本問題なのであります。その意味で最後の重點は民主國家の建設といふことにあるのであつて、天皇制の方にはない。若し重點が二つあるとすれば、更に重い問題は民主主義の側にあることを先づ以て承認しなければならないと思ふのであります。

この事をもう少し違つた言ひ方で申上げると、天皇制の問題はこれを正しく考へ拔くためには、豫め一つの新しい精神狀態がわれわれの側に生じてゐなければならないのであります。この新しい精神狀態とは如何なるものかといふと、ただ一言にしてそれは民主主義的精神である。民主主義といふものは單なる一つの政治組織、政治制度ではなくして、更にその根本には一つの大きな人間精神があるのであります。それは日本といふやうな特殊、アメリカといふ特殊、ソヴエト或はイギリスといふやうな夫々の特殊の上に立つたものではなくして、人類的に普遍の精神でなければならないのであります。かゝる精神の芽生えなくして、われわれ天皇制の問題をいくら考へても、正しい歸結が出て來るわけはないと思ふ。歸結が出て來ないのみならず、一つの結論へ行くための途中の推理といふものが正しく發展するわけもない。われわれが天皇制の問題を考へ拔くといふことの意義は、單に政治的に目前の必要であるといふことを別として、われわれ自身の民主的精神といふものが、このやうな問題とぶつかることによつて、新たに鍛へ上げられ、練りぬかれてゆくといふことでなければならない。こゝにこの問題を論議することの、より深い意義があると思ふのであります。この題目を揭げてお話をすることの根本の意義はそこにしかない。天皇制問題の實際の歸結點はどこであるか、天皇制は廢止されるか、單にその見透しを客觀的に述べることならばそれはすぐにも出來ることである。しかし、それでは意味はない。さう思ふのであります。そこで話の第一節を打切り第二節に入らうと思ひます。

* * *

天皇制の問題はこれを飽くまで護持すべきか、若しくはこれを廢止すべきかといふ問題である。徹底的な廢止論と徹底的な擁護論との二つの立場、兩極端の立場の中間に、實際には幾通りもの立場がある。そのあるものは徹底的な廢止論に極めて近いものであり、また逆に他のあるものは絶對的な護持論の方に近いものである。

さらにまたそれほど強くもないところの中間的な支持論、保持論、擁護論があり、或は廢止論とまでは行かないが相當思ひ切つた改革論、變革論も少くない。つまり兩極端の間に事實上とりどりの議論が幾通りもあるのであります。しかるにこゝに一つ問題となることがある。それは「天皇制」とは何かといふ事であります。これが分らなくては、天皇制護持といひ、天皇制廢止といつても、何のことか分らないことになりかねない。今上陛下が戰爭の御責任をおとりになつて御退位遊ばされるといふことを以て天皇制の廢止だと思つてゐるやうな人はよもやあるまいと思ひますけれども、しかし天皇制とは何ぞやといふ問に對して、はつきりした返答が出來るものは今日なほ存外少いのではないか。それのみではなくして現にこの問題を論議してゐるところの座談會などの人々の間にも、みづから天皇制護持を唱へながら天皇制とはどういふことを意味してゐるのか、必ずしもはつきり考へぬいてゐないのではないかと思はれるやうな例も二三に止まらぬのであります。天皇制を支持するといひ、或は廢止せよと主張しても、いふところの天皇制とは何を指すのであるかといふことが不明ならば、論議そのものが正しく發展することも出來ないわけであります。

天皇制といふ言葉の意味を明かにしないで、或は不用意にもこれを曖昧のまゝに殘しておいて、自らこれを支持するものの如くに論じたり、或は反對するものの如くに論じたりする場合には、さういふ議論をする人の立場が實際に天皇制存置論であるのやら、或は否定論であるのやら見分け難いやうな場合が出てくる。さういふ意味で法律學的或は國家學的な立場からの議論ははつきりしてをるが、法律學的な觀念のない、常識的な天皇論にはこの傾向が多いやうでありますｏ また、かりに國法學的な立場からの議論であつても、天皇制といふ言葉の意味をはつきり決めないで、天皇主權といふものを全然廢止してしまつても、これは天皇制の廢止ではないといふ風に議論を持つて行く人もあるわけで、さありますと、天皇制を支持するといひ、護持するといふのも、單なる名目上のことであつて、その名目を殘さんがための議論であり、寧ろ本質は廢止論であるか、それに近いところの變革論であると見なければならぬ場合も生じてをるのであります。これは絶對護持論よりはむしろ廢止論の方にやゝ近い步みを示すものであります。

天皇制とは何であるか。それは今日までの日本の統治組織、すなはち皇統を世襲的に主權者とするところの國家体系そのものである。從つて天皇制支持論といふのは、かういふ國家制度を根本的に改めまいとする立場であり、天皇制廢止論とはこれに反して根本的にこれを變へようとする立場であるといはなければならぬのであります。一言に詰めて申せば、君主主權制を主張するのが天皇制擁護論であり、徹底的な主權在民を主張するのが廢止論であるといふことになるらうと思ふのであります。主權といひ、統治權といひ、時には絶對權力といひ、時には最後的な決定權といふ。最後的な決定權すなはち國家の動向に關するかゝる權力が、神勅によつて世襲的に君主の手にあるといふ制度、これが日本の場合のこれまでの天皇制であつたと思ふのであります。主權、統治權或は國家權力の根源が國民の側にあるといふ場合、すなはち主權在民、これはもはやこれまでいふところの天皇制ではあり得ないと思ふのであります。たゞ天皇さまが日本にをられるといふだけで、それがどういふ形でをられようとも、天皇さまのあるかぎり天皇制はあるのだといふ考へ方もありませうが、それでは天皇制の「制」といふことがはつきりしなくなると思ふ。また、天皇制といふ觀念を、法律學的政治學的に考へる以上に、いはゞ社會學的な廣い概念として摑んで、そのやうな社會勢力の組織化制度化されたもの全体を打倒しなければならないとする日本共産黨の立場もある。その場合の天皇制はこゝで今申上げてゐるものよりも廣大な意味となるのであります。私は一應法律學的に主權、統治權の所在を規準として、天皇制の存否を考へてみようとするのでありますが、さういふ標準から見て、人々の意見を支持か廢止かにきつちり二つに分けてみようとしますと、存外それが困難であることに心付くのであります。なぜかなれば先に申上げた如くに、人々の中には法律的な見地からこの問題を考へない人が相當にをるためで、主權の所在といふやうなことに觸れないところの天皇制論議が相當あるからであります。これらの人々の意見を、いま申上げた規準から否定論か支持論かに分類しようすると、實は當惑することが生ずるのであります。更に分類といふことの困難は、國家主權は必ずしも一方的に君主又は人民に屬するのではなくして、時にはその一部が君主に、他の一部が國民に屬するといふ場合がある。つまり主權を分けて持つ、分有し得るものだといふ見解があるのみならず、さういふ實例が世界にある。ですから主權の一部が天皇に、他の一部が議會にあるといつたやうな形のあり得ることを主張する人もある。ところが更に分類の困難が加はるといふのは、主權が君主にあるのでも人民にあるのでもなくして國家そのものにあるのだといふ學說があるのであります。單に一部專門學者の學說であるに止まらず、現實に日本の政黨にもさういふ見解をとつてをるものがあることは御存知の通りであります。

かうなつて見ると、天皇制の問題について、その存廢を如何に決すべきかといふ各種の意見を、護持論、廢止論とふたゞ二つに簡單に分けることが難しい理由もお判りのことと思ひます。しかしこれらのことを百も承知の上で、かりに東京各紙上に連載された三つの座談會の出席者のうち、特に注目すべき意見を吐いた十人ばかりの人を二つに分けて見ますと、廢止論の側に數へたいと思ふ人が五人。最も徹底的な廢止論から、寧ろ支持論に屬するとも見やうによつては考へられるやうな中間的な人にいたるまで加へて、第一に日本共産黨の志賀義雄氏、第二に社會黨の左派小野俊一氏、第三は民間團体である憲法研究會の室伏高信氏、四番目には東京帝大教授の横田喜三郎氏、五番目はこれも憲法研究會の、民間憲法學者として知られてをる鈴木安藏氏であります。

次に天皇制支持論者でありますが、極めて常識的な立場からの、それも相對論的なもので、これを强硬な護持論などと比べてみますと、寧ろその人自身の精神狀態は廢止論の方に近いと見られるものもあるのですが、それらも含めてその主張の强さに順位をつけて申しますと、護持黨の筆頭には日本進步黨の小山倉之助氏、二番目に日本自由黨の安藤正純氏、三番目に一高校長、現文部大臣の安倍能成氏、四番目に東京帝大教授宮澤俊義氏、そして最後の五番目に日本社會黨の左派水谷長三郎氏といふ順序に一應なるのではないかと思はれます。以下これら十名の人々の天皇論の骨子を順序を追うて申上げてみますが、最初に護持論の方から。

一番強硬な意見をもつ進歩黨の小山倉之助氏の見解なるものの骨子は主權在民に反對といふことにあります。尤もこれは一個人の意見といふよりは、一政黨の代表として席に連つてをるので、政黨人についてはその積りでお聞き取り願ひたいのです。――わが進歩黨の憲法改正要旨は民主主義を徹底して專制を防止するにある。しかし民主主義といつても主權在民ではない。主權は嚴として天皇にあり、國民の總意を基として政治を行ふのみならず、國民の總意が上御一人の御意思と全然一致するのはわが國の歴史と傳統に基く君民一致の政治であり、わが憲法は天皇の大權を中心として國家統治の大綱が定められ、そこに彈力性が大きいために時に專制政治家が運用すれば專制政治となつた、それらの點を改正する必要がある。歴史と傳統を認め、國民の信念を生かして一君萬民の傳統を守り、政府が國民のために國民によつての政治をやれば民主主義を徹底するに何ら差支へない、國体の保持と天皇制を不可分にしての天皇制を護持しなければならない。――これが今日の議會政黨のうち最も保守的である進歩黨代表者の天皇護持論の骨子であります。

次は日本自由黨を代表する安藤正純氏の意見、その骨子は天皇制は國民的信念であつて動かし難いものではあるが、遺憾ながらこれまで理論的な基礎付けを欠いてをつた、といふにあります。そこに進歩黨とは相當の開きが感じられるのですが、いまその骨子をやゝ詳しく申上げると、――國体護持はわが自由黨の持論だ、天皇制廢止は考へも及ばない、天皇制によつて日本を治めて行く、これはわれわれの信念だ、政治的信念といふよりも宗敎的信念だ、われわれの血の中に躍動してゐるのがこの天皇制だ、よしんば世の中がどう變らうと絶對不動と確信し、また飽くまで固持しなければならない、そこに日本民族の生き甲斐がある。しかし今の天皇陛下の御退位の問題は別だ。そこで天皇制は國民の信念だが理論の研究が足らなかつた。これからは子供達にも教へることが出來、國民にも納得させることの出來る理論がなければならない。徹底した理論の上において外國人まで立派に納得させ得ないのは現代國民の怠慢で申譯ないと思つてをる。天皇にかりに戰爭責任があるとしても、それが直ちに天皇制廢止の根據にはならない。天皇制の惡用といふことは、天皇に責任をなくして全部國務大臣が持つことに憲法を改めればその暗い翳も除かれよう。國民投票といふことは好ましいことではないが、それがよいといふことであればそれもよからう。――これが日本自由黨を代表する安藤正純氏の天皇制護持論であります。その要點と見るべきは天皇制護持はこれ日本國民の疑はざる信念である。たゞ知的に納得出來るやうな理論といふものが、これまでなかつたのは誠に國民として相濟まぬことである。これからの若い人々にも、單に感情や信念だけでなく、理知的にも十分納得ゆくやうな理論をたて、また第三者たる外國人にも納得の行くやうなものにしなければならぬといふのであります。理論がないといふこと、理性に訴へて人を納得せしめる力がないといふことを承認してゐる點は進歩黨と違つてをります。

次ぎに第一高等學校長、この座談會當時は一高校長でありましたが、その後文部大臣に就任された安倍能成氏の支持論。その骨子を一言にしていへば天皇といふものを國民的統一の中心として自然の姿でこれを守りたいといふことにあります。いはく――私は天皇制は飽くまで保持するといふ考へだ、天皇制が惡用されたといふことはあつたにしても、その理由だけでこれを廢止するわけには行かぬ。日本國民の統一といふことを考へると、民族の中心としての皇室といふものに自然の姿で國民が結びついて行くことが必要だ。過去において皇室はあれどもなき如き時代があつて、しかもその當時日本人は平氣でをつた事實からして日本から天皇を奪つても治りのつかぬことはないといふ意見が戰爭中聯合國側にあつたけれども、然し最も皇室式微《シキビ》の時代、即ち室町時代の産物である謠曲を見ても、室町幕府に對する讃美はなくて、いたるところ天皇の讃美がある。應仁の亂の頃なども最もだめな時代のやうにいはれてをるけれども、民衆運動が盛んに起り、その中から皇室尊崇の氣風が生じてをつたことを思へば、これは國民性に根ざすところが誠に多いと思ふ。私は今までの形でもつて絶對主義的な天皇制を維持して行かうとは思つてゐないが、新しい素直な形で維持して行きたい。かりに共産黨の世界になつて日本國民を統一するといふことは果して出來るだらうか、大統領だの書記長だの元帥だの日本の中心として國民を長く統一することは出來さうに考へない。またヨーロッパの歴史を見て、その帝王達の獨裁とか殘虐とか惡政とかいふものを考へると、日本の皇室はある點では無力ではあつたが、さうした汚點は極めて少い。われわれは本當の意味において皇室に忠誠をつくすといふことにより、皇室を國民の皇室とするといふ風に具体的に大膽にやつて行くことによつて、日本の民主主義を日本的に實現して行く道があると信ずる。戰爭について天皇に御責任がないとは考へられないが、とにかく天皇の御心を阻止したり、それに背いたりしておきながら、その結果をみな天皇に歸一し奉るやうな天皇歸一は斷じて改められねばならない。——現文部大臣安倍能成氏の天皇制護持論といふものは、最初にも申上げた如くに國法學的ではないので、自然の姿で皇室をお守りして行きたいといふのは具体的にどんな形を意味してをるのか判明しない憾みがあります。これは主權といふものの所在などについてあまり問題にしようとしない人々、つまり法律學とはやゝ緣の遠い學者、思想家の天皇論の一例として數へられるのでありまして、藤森清一郎氏、杉山平助氏の天皇論なごもその意味でこの種のものに近いといへませう。

つぎ四番目に東京帝大の憲法學の講座を擔當してゐる宮澤教授の意見。その見解の骨子は今日の段階では天皇制を保持することが政治的に有利だといふにあります。——天皇制とは現在の天皇陛下並にその御子孫を世襲的に日本の君主とすることである。さう理解しておいて結論を述べれば安倍先生同樣にこれを保持して行きたい。しかしこれは今の段階においてはそれが政治的に有効であり有利であるといふ見通しからの主張であるのだ。政治の合理化といふことはこれは世界史的な必然であり、またこれが人間社會に正義と幸福とを齎すものであるが、しかしそれは時と場所によつて制約を受け、合理化し得ない要素が殘るのはまぬかれぬ。世襲君主制はそこに神秘的な、信仰的な、非合理的な何ものかがあるところに存在意義があるやうに思はれる。とすると、さういふ制度の合理化が何十年か何百年さきに徹底された曉、それがいまいふやうな政治的な効用を持續するかどうかは疑問だ。しかし今こゝで性急な合理化をやると却つて軍事的なファシズム等が出て來る可能性が出て來るのではないかといふ見通しもある。明治以來の天皇崇拜は政治的な拵へ物だといふ見方もあらうが、しかし事實上さういふ氣持に國民がなつてをる場合には、その國民の氣持を前提として天皇制の存在を意義づけるといふことも政治的には考慮してよからう。これまでも天皇の權力は實際政治的には殆んどないといつてもよかつた。君主政治、世襲制度といふものと責任政治とは相容れないものであるからして、大体どこでも世襲君主といふものは政治の實權をもたないことになつてをつた。實際日本でも、さういふ方向であつたのだから、今後もなるべくその方向に行くのがよい。――これが宮澤教授の天皇制支持論であります。非常に論調が弱く、今の段階では天皇制を支持した方がよいといひ、さきざきのことはまた別に考へねばならぬであらうといふことになつてゐるのであります。

最後に天皇制支持論のうちで最も弱い一例として社會黨の代表水谷長三郎氏の見解。同氏の見解の骨子は、天皇制の問題については國民的な感情の上に立つてそれを決定するのがよい、その國民的な感情といふものが、そのまゝ現れるのが國民投票であるといふので、投票をすれば天皇制支持になるだらうといふ見通しをも併せて含んでゐるもののやうであります。いはく――憲法は現在あるものを改正するか、全く新しく制定するかといふ問題は今後の情勢と睨み合せて決める必要がある、從來の見解では天皇と天皇制といふ二つの觀念がごつちやになつてゐた。――惜しいかな水谷氏はこゝまで觸れながら、この區別の上に立つて議論を進めてゐません。天皇制を殘すと軍閥、財閥、官僚の復活する原因になつて、あらゆる進歩主義者がやつつけられ、日本が暗黑時代になる懸念のあることは事實である。しかし天皇制を排したからといつて同様の心配がなくなるものでないことは西洋の歴史に徴すれば明白だ。そこで日本國民が理論を超越して、國民感情として願つてゐる方向において天皇制を守り、その弊害をなくして維持して行かうといふのが社會黨の考へ方である。イギリスの共産黨員が嘗てモスクワに行つて、自分の國のキングについて、レーニンの意見を聞くといふと、レーニンは何か邪魔になるかと訊ねた、邪魔にならぬと答へたところが、邪魔にならぬものは殘して置いてもよいではないか、といつた(笑聲)。こんな話も參考にならう。しかし來年(いまは今年)の上半期が一つの分岐點で、生活問題が深刻になれば、戰爭に對する呪ひも自然發生的に起つて來やう。天皇に對するはつきりした批判が行はれ、世界の輿論、また日本の輿論も、天皇制の存否について國民投票によつて決すべしといふ大勢にならう。この問題は堂々と國家的な衿持をもつて內外の批判の前に押し出さるべきもので、その批判を通して、その過程を經て、殘つた天皇こそ、國民と直結され、いまいふやうな懸念のないものとなるのではあるまいか。わが社會黨の主流的な考へは共産黨のやうに天皇制の打倒を叫ばない半面、他の保守的政黨のやうに封建的君主制國体の擁護を叫はず、この問題を政爭の具に供したくないといふにあつたのであるが、しかし政黨として態度を明かにしなくてはならぬことになつた。要するに、この問題は單なる理窟では解決出來ず、日本の傳統に立脚し、しかも一般の國民感情の上に立つて決定しなければならない。――日本社會黨の左派水谷長三郎氏が黨を代表して述べた、これは意見であります。しかしながらこの一月十五日かの黨の常任執行委員會の模様はすでに內部の情勢が動いてをりまして、主權在民ないし天皇から統治權を完全に剝奪すべしといふ主張者も多く、鈴木茂三郎、加藤勘十、黑田壽男、松本治一郎の諸氏とともに、水谷氏はその方の側に立つてゐることが傳へられてゐるやうであります。

以上天皇制護持の立場に立つところの各方面の五人の方々の見解の要點を述べてみたのでありますが、次には第三節に入つて、天皇制廢止論の最も强硬な意見から、比較的溫和な中間的なものに至るまでを、かい摘んで展望してみませう。

最初に日本共産黨の領袖である志賀義雄氏の意見。天皇制と天皇とは事實上區別し難しといふのがこの人の特徴的な見解の骨子であるのでありますが、最近野坂參三氏が延安から戻つてまゐつて、日本共產黨の本部に投じ、一夜をそこで明かし、さて翌る一月十四日、共產黨と野坂氏の共同聲明といふのが發表された。この聲明をみますと、志賀氏のいふ天皇制と天皇とは事實上區別し難しといふ主張が翻つたやうな印象を與へるのであります。日本共產黨が天皇制の廢止を主張することは依然として變らないが、皇室の存續がいかになるかといふことは自ら別問題である。それは將來日本の民主主義が達成される時、日本國民の意思によつて決定されるべきものだとしたのであります。天皇制は廢止しなければならぬが、皇室の存否については別に人民の意思によつて決しなければならぬといふ聲明。これは皆さまの御記憶にも新しいところと思ふのであります。ともあれ、今こゝでは志賀氏の昨秋以來の主張の骨子を見ておかなければなりませぬ。――共產黨としては天皇制廢止をどこまでも主張する。たとへ如何なる形にもせよ、また軍國主義者、官僚、財閥がそれを利用したのが惡いとしても、利用されて國民全体が塗炭の苦しみに陷るやうな危險なものが殘るといふことは將來再び反動勢力の結集點となり、單に共產主義といはず、民主主義全体に對して重大な陰謀の行はれる惧れを殘すものだ。新憲法は、改正等も今急ぐのは不都合であつて、將來成立する民主議會において現行憲法を全然離れて新たに制定すべきものだ。それには天皇に關する事項は悉く除かなければならない。敵の陣營側――この志賀氏が敵といふのは日本の他の政黨のことであります（笑聲）。敵の陣營側でイギリス流の立憲君主制を、といつてゐるのもをかしなことで、イギリスの場合は王室の歷史も國情も全然違つてゐる、しかし天皇制の廢止は人民全体に强制して出來ることではない。われわれとしてはよろしくこれを一般投票に問ふのがよからうといふ意見だ。急速に發展してゆく時勢の中で、天皇制打倒に贊成するものが次第に多くなり、必ずそれは動いてゆく。天皇制の現れが天皇だから天皇制の問題をはつきりさせないと將來社會黨も窮地に陷ることにならう。制度としての天皇と信仰の對象としての天皇とは極めて密接した關係にある。ロシアのツアー、トルコのサルタンその他の封建的な皇帝や、宗教的な崇拜の對象だつたとされてゐる君主が、實は現實の制度と不可分に結びついてゐたのだ。われわれとしては天皇制と天皇を、さう論理で考へるやうに區別すべきではないと思ふ。しかしとにかく日本の人民の間に半ば信仰的な對象としてあると考へられるので、われわれの天皇制廢止の主張にも拘らず、天皇をどうするかといふ問題はこれを人民投票によつて決するのがよいと考へる。――これが志賀氏の見解を要約したものであります。天皇制廢止論に近い論議をする人々に見られるのは、天皇制を廢止しても皇室または天皇は殘す、といふ考へ方である。志賀氏はこれに反對だつたのであります。政治的な國家制度としての天皇制といふものは罷めよといひ、しかも天皇は存置するといふ、それはをかしくはないか、といふのであります。しかしまた、主權者としての天皇、或は制度としての天皇と、國民の尊崇の的、信仰の對象としての天皇といふものを區別して考へる余地のあることを志賀氏も認めてゐるのであつて、現に日本の人民の多數が半ば信仰の對象としてゐる以上、さう無闇なことは出來ないから、これは國民の一般投票に問うて決めるのがよからうといつてゐるのであります。これでも判りますやうに、天皇主權の廢止と皇室の存續を別箇に考へることができるといふ思想は、野坂氏の歸國をまつて初めて共產黨に產れたものではなくて、すでに志賀氏の意見の中にも見えてゐたものだといふことになります。さて、つぎは日本社會黨の左派である小野俊一氏の見解。これは室伏高信氏の意見を反駁した形で切りだしてゐるのですが、室伏氏の考へによれば日本の國体觀といふものは有史以來日本の國民がもつてをつたといふやうなものではなくて、明治政府がでつち上げてこれを國民の頭につめ込んだものだといふのであります。これに對しては小野氏は、水戸學にしても、宣長篤胤の國學にしても、明治政府の扱つたものとは違つた動機の心情から生れた國体論だ、それを當時の政府が都合のよいやうに利用したまでのことである。それがさらに進んで滿洲事變以來軍部中心に天皇機關說排撃、天皇親權說を主張し、自分達が勝手なことのできるやうにもつて行つた。軍部や民間における特權階級の連中がその權力と利益を擁護するために、實際は一番極端に自ら天皇機關說を實行したのだ、まあ天皇さま御自身は捕はれた籠の鳥のやうな御立場にあるんぢやないか。――小野氏はさういふのであります。さらにつゞいて、共產黨は天皇制打倒を眞向から掲げてゐる、しかし天皇制廢止論といふものの中にも、怨みとか憎しみからこれを叫ぶ人のほかに、皇室のお倖せをおもつて天皇制とか皇室とかいふものはなくなつたほうがよいのではないかといふ主張も出てよいではないか、神樣でなければやはり人間として自由にして差上げるといふ意味からだ。さらに注意すべきは今の日本の危機の深刻さは共產黨さへおき去りになるのではないかといふことだ。――共產黨さへおき去りになるといふ、この言ひ方は、食糧飢饉に臨んだ場合どのやうな原始的な暴動が、共產黨すらも思はぬ暴動が、起らぬものでもないぞといふやうな意味でありませう。この人はロシヤ革命當時ロシヤにゐたのですが、その時の模樣のことを思ひ合はせて、――日本の現狀はあの時さながらではないか、あの革命當時、最初ロシヤの皇帝ニコラス二世は退位をすれば事が濟むもののやうに、臨時政府も、また國民一般も考へてをつた。政府代表と皇帝と會見の末、位を皇太子に讓ることにして一應話が決つたが、皇帝が一晚寢て考へた結果、皇太子が皇位につけば自分は宮廷を去つて親子離れ〴〵にならなければならぬ、どうしても自分は息子のそばを離れられぬといふので、考へが變つて弟のミハエルに位を讓るといひ出した。ところがさういふことは憲法にないので、憲法を改正しなければならぬといふことになつた。臨時政府も國民も、憲法改正で事は濟むと思つてをつたのであるが、情勢は次第に移つて、どうも皇室といふものが殘つてをるかぎり、一度屈伏した反動勢力が再び頭を擡げ、皇室をその結集點として革命に參じたところの民主主義者を再び彈壓する危險が生ずるであらう、といふ懸念が生じて、空氣が一變し、遂にロマノフ王朝といふものはシベリヤであのやうな悲慘な末路に終つてしまつた。いま日本敗戰後の情勢を見るとロシヤの當時のことか思ひ出されてならぬ、憲法改正で事が濟むなどと考へてをるのは甘すぎる。そこで軍部、官吏、重臣、華族、財閥から切り離した皇室といふものを愼重に考慮し、共產黨のスローガンを待つまでもなく、先手を打つ方に考へを進めないと、とんでもないところへ事態をおひこむ。皇室側としては、身を捨ててこそ浮ぶ瀨もあれで、こゝにやり方が二つある。第一は、みづから責任を考へ、裸になつて人民とともに難局打開に當られるだけのことを實際にやつてゆく。第二はその可能性も自信もないなら、全部をすててかかるのだ。眞に皇室のためを思ふ側近の人があるならば、この際、安宅の關の辨慶の役をやるつもりで出て來なければいけない。――かういふのが小野俊一氏の天皇制廢止論でありまして、徹底的な廢止論ですが、共產黨系の廢止論とは全然その出發點が違つてをることは特に注目すべき點であらうと思ひます。但し曾てのロシアと今の日本とを酷似するものと見る情勢論には疑問があります。日本の革命は强大な權力を外部から頂いてゐる狀態での革命です。

第三に室伏高信氏の意見。室伏氏の見解は極めて溫和な天皇制廢止論と見られるのであります。そして皇室の存置は民主主義の概念と衝突しないといふのがこの人の特徵的な意見であり、その骨子であると思はれます。――日本の憲法はポツダム宣言に衝突する範圍では消滅した。今日の憲法をいかに民主化するかといふことではなく、民主主義の下でいかに新しい憲法をつくるかが今日の問題だ。皇室の存在と人民主權とが衝突するものでないといふことはイギリス、ベルギー等の例を見てもいへる。日本の國体觀念は日本の歷史が二千余年にわたつて作り上げた眞の傳統ではない。これは明治政府以來作り上げた一種の陰謀だ。明治維新は德川幕府に對する薩長の工作で新しい政府を作り上げたもので、革命的要素は何もない。國民の方が却つて進んでゐたので、これを押へつけるための權力を維持すべく、その權力のかくれ場所として用ゐられたものが國体觀念であつたのだ。この國体觀念が日本人の頭を朦朧たらしめ、日本人の聰明を奪つたことは甚しい。主權者としての天皇と信仰の對象としての天皇を區別すれば、前者はすでに問題ではない。後者は現實の問題であり、また啓蒙の問題である。いまの民衆の程度では共產黨の主張があるだけでもみなびつくりするだらうが、それが一つの啓蒙になるのだ。しかし同時にこの現實を無視する譯にも行かない。天皇を制度としてではなしに存置することも、今日の過程では考慮しなければならない。――これが室伏氏の極めて温和な天皇制廢止論であります。

四番目に東京帝大教授の横田喜三郎氏の見解。これは御本人は天皇制支持論者のやうに述べてゐますが、さきに申上げた天皇制とは何ぞやといふ問題についての私の暫定的な標準から申しますと横田教授は天皇制支持論といふよりも廢止論の方に屬するものと考へた方がよいのであります。毎日の座談會では安倍能成、宮澤俊義、横田喜三郎といふ三人の學校關係者が、いづれも天皇制支持の立場を明らかにして、横に連繋をとつたやうにみえます。宮澤氏は安倍氏の意見に大体同感だといひ、横田氏は宮澤氏の意見と同じだといふやうにいつてゐますが、その所説を細かに見ると、安倍は右、宮澤は中間、横田は左といふ風になるのであります。横田教授の意見の骨子は天皇主權を廢してなほ儀禮機關たる天皇を存置するといふにあります。いはく、――民主主義の本質はリンカーンの「人民の、人民による、人民のための政治」といふのが要を得てゐる、第一に政治の主体が人民であること、つまり主權が人民にあること、第二に政治を人民が行ふこと、第三に政治の目的が人民の福利安寧にあることだ。民主主義の確立のために問題になるのは第一と第二の點だ。第一の點は天皇制の問題と必然的に關係がある。それが存續するとなれば、主權が天皇と人民の何れにあるのか、今後の日本にとつては理論的には困難な問題となる。しかし實際にはどちらでも大きな違ひもあるまい。第二の點は實際の問題であつて、選擧方法、議會の構成と權限、内閣と議會の關係、更にそれらと天皇との關係の問題を含み、そしてこれは大きな問題となる。主權が天皇または君主にあるといふ議論は民主主義の根本觀念と調和しない。これを調和させようとして色々の議論が行はれてゐる。主權は人民にあつたものを君主に委任したといふのもあり、委任によつて君主に移つてしまつたといふのもある。イギリスの場合、キングと議會が主權を共有するといふのも巧妙なやうで、ごまかしの議論だ。キングに拒否權があれば主權はキングにあり、それが消滅してしまつて最後の決定權が議會にあるといふならば主權はこの議會にあるのだ。國家法人說をとり、主權は國家そのものにあるといふ說はなほさらナンセンスだ。天皇は常に民の心を以て心とされるからといつて、民主主義と天皇主權を調和しようといふ意見も同じやうなものだ。民の心をもつて心とされるといつても、時として天皇自身の意思を貫かれるならば民主主義の實体はなくなる。天皇がその意思をまげて人民のそれに從はれるならば天皇主權の實はない。日本に民主主義を確立しようといふならば主權在民を淡白に承認して、そこから出發しなければならぬ。しかし天皇制を廢止しなければ民主主義が確立されないといふのではない。天皇は儀禮的機關としての地位を有するといふ憲法硏究會の草案は民主主義の下に天皇制を維持する立場を理論的に徹底したものだ。天皇制の問題については大体宮澤君と同じやうに、現在の段階においてといふ條件つきで、維持する方が、實際の政治上、便宜で有利で有効だ。今度の戰爭は天皇政治の利害両方面を實によく出した。有利な方面は終戰に際して、有害な方面は開戰に際してであつた。いまや天皇制に對する人々の考へは變化しつゝある。幾十年か幾百年かの後に、それが國民の多數を占めるやうなことになれば、それが天皇制の終る時だ。――横田敎授はかう述べてをるのであります。

最後に鈴木安藏氏の見解。鈴木氏の見解の骨子は天皇制を惡政の具に供せしめないやうな憲法を確立せよ、といふにありますが、いはく、――一体この國体と政体といふ二つの言葉は日本憲法學者間に長い間使はれてをつたけれども、これはやめなければならない。陛下が外國の新聞記者に對する御返答として將來の日本についてはイギリスのやうな立憲君主制に大賛成であるといはれ、憲法學者その他の意見も大体イギリス的な立憲君主制を望ましいとするやうであるけれども、しかしそれにはイギリスの立憲君主制におけるキングの地位が日本の天皇の場合とは丸切り違つたもの、對立したものであることを先づ明かにする必要があるのだ。嘗て日本の憲法制定に與つた人々は、フランスの共和政体は勿論こと、イギリス的な君主制も日本の國体には反するといふので、それらを主張する民間人には徹底的な彈壓を加へたものであつた。その當時殘つてゐる根本資料を見ると、天皇は君臨すれども統治せず、といふイギリス風の形は、やつと將軍の手から主權を奪つて王政復古したばかりの日本の政權を議會に奪はれることになるから絶對にいけない、といふことが終始一貫して唱へられてゐたことが分る。つまり日本の憲法は君主の大權が毀損されずに確保されるところに狙ひがあつたのだ。しかしていまイギリス的な立憲君主制にするといふことは、これを帝國憲法の現在の根本精神から見ると一つの革命的な變化である。たゞ漫然とイギリス的な立憲君主制といへばそれで皇室の地位も御安泰であつて、天皇制の妥的な存續形態として好都合だといふ甘い考へ方をしてはならぬ。一九三六年のシンプソン事件の場合に示されたやうに、キングは政治的に全然權力をもつてゐない。その無力であるといふことがイギリスの君主制が今も殘存してゐる唯一の根本理由だ。これを考へなければ民主主義日本の建設といふものと天皇制といふものは何處かで正面衝突をしなければならない結果になるであらう。皇室は日本の革命的な前進の場合に常に進歩的な役割を果したといふ説がある。大化の改新の場合のことは知らず、明治維新に關する限りこれは事實だ。しかし民主主義の發展を阻止する道具に惡用されたといふ事實も蔽ふことはできない、明治初年の自由民權運動は藩閥政府によつて反國体といふ口實の下に葬り去られ、それ以來警察政治的な國家秩序が長く存在したことは、國体が惡用された大きな一例だ。つまり君側の連中が十分進歩的であれば皇室は進歩的な役割を果し、それが反動的、封建的であれば、惡政にも利用される。これはイギリスの君主制の場合においてすでにさうであつた。日本の場合、國民的感情その他の事情からして天皇が日本民主主義のために將來存在するといふのであれば、最少限度として、この天皇制が惡政善政の具に供されない、といふやうな制度的な保障がまづ新しい憲法の中に確立されなければならない。――これが鈴木安藏氏の天皇制論でありまして、これを簡單に廢止論とはいひがたいやうでもありますが、廢止論に近い根本的な改革論であるのは明白であります。これをもつてお話の第三、四節を終ります。

*　*　*

以上十名の人の々の天皇制の問題に關する所見を要約して、しかもこれを大きく二つに分けて、それに順位を與へて御紹介申上げてみたのでありますが、今日天皇制廢止の主張をなすものが、我が國内では共産黨あるのみといふ形をとつてをります。その結果、天皇制廢止論といへばすぐ共産黨といふやうに思ひきめる風がありますが、これは必ずしも正當ではないのであります。この問題に臨むわれわれの頭の中には、何かしこりのやうなものが出來てをつて、長い間それが固つて頭からとれないでゐる。いはゞこれはわれわれの思想とか思考とかが、戰時中資産の凍結といふ言葉があつたが、資産だけではなくて、われわれの頭もやはり凍結狀態にあつたのだ。(笑聲)。まだ〳〵それが解け切つてはゐないのではないかと考へるのであります。

この問題に臨むに際して、若しわれわれの頭にしこりが殘つて、つまり凍結狀態が續いてをるならば、そのまゝの狀態で天皇制問題を考へるといふのは結局無駄なことになつてしまふのではないか。最初に申上げたやうに、この問題に臨む前提條件としては、まづわれわれの精神狀態が根本から改まつてゐなければならない。それは一言にして民主主義的な精神がわれわれの側になければならない、と申上げたのでありますが、もう一ついひ換へればそれはヒューマニズムの精神がわれわれ國民の根底をなさねばならぬといふことになるのであります。すでに各方面の人々の主張を展望したのでありますからして、こゝで改めて我々の頭を一層十分に揉みほぐすといふ意味で、天皇制といふ制度をなんらかの形で支持しようとするに際して、さういふ態度の人々が是非とも考へて置かねばならない筈の二、三の基本的な事柄を申上げて見たいと思ふのであるます。

すでに見たごとく天皇制は日本國民の信念であり、國民感情であるといふ立場からして護持論を掲げてゐるものに、進歩黨と自由黨があります。しかしその信念とか國民的感情とかいふものは、決して確固不動、永久不滅のものであるとは思はれぬ。信念とても教へ込まれたものであり、自ら堅持してゐる信念だとは申しながら、誰しも静かに自由にものを考へることができるならば、さういふ信念といふものは日本人のみが母胎から携へて生れて來たものでないことは明白であります。これは大体においてわれわれ日本人が生れ合せた時代の教育によつて養ひあげられたものにすぎないことは認めなければならないと思ふのであります。私はこの問題について調査にかゝるまへに、自分自身の頭の血のめぐりをまづよくする必要があると思ひまして、一通り考へましたことの概略を次ぎに述べてみたいと思ふのであります。

多少重復する點もあらうと思ひますが、天皇制廢止に關して有り得べき議論といふものの色々の筋道を一般論的な形で一通り考へておくといふことが必要であります。まづ天皇制支持論といふものの中には、いはゆる大權事項の縮減をやむなしとする程度の、いはゞ現狀維持的な强腰のものから、陛下に京都へお歸りを願ひたいといふ風な著しく消極的な聲に至るまで、すべてこれを一應天皇制擁護論に屬するものとします。しかし先に申上げたやうに、天皇制とは何ぞや、といふことが大きな問題であつて、その解決一つでは天皇制支持論の部類に屬する積りの主張も、客觀的にはその部類に入らないといふことも起るであらうと思ふ。また支持論の中には、主として政治的な便宜論から來たもの、この例としては宮澤、横田兩教授の意見などがこれに該當するわけですが、これを政治上の便宜論と私はいふ。ところが政黨者の中には進歩黨自由黨にしても、政黨人自身が自分自身の信念を基礎として主體的に天皇制を支持するといふ立場にあるのであります。ところが社會黨になりますと、天皇制を支持はするが、しかしその支持の根據は社會黨自身の信念ではなく、一般國民の中にそのやうな信念感情が殘存してゐるといふ一大事實を前提としてゐるのであります。この點において一部の專門學者と態度の相通ずるところが社會黨にはあるのであります。信念の所在を自己におくか、國民におくか、こゝに態度の根本的相違がある。社會黨の天皇制支持論は一見極めて生ぬるいやうであるが、しかし現實を前提してゐる實際的な態度としてはさうなることも仕方がない。天皇制といふものはいつかは廢止せざるを得ない時が來るだらう。なぜなれば世界の歴史を見るに君主制といふものは總じて弱化と消滅の過程にある。その方向には間違ひはない。たゞ歴史は一擧にして合理化に徹するものではない。單なる合理精神では割り切れないものが殘るといふのが歴史的現實の性格である。生活の在り方は理性以外に感情的要素が伴つてゐる。長い目で見れば、世界のあらゆる國々の政治も經濟も大小の波動を經ながら民主化の徹底に向ふ。しかし一擧にして完全な民主主義が出來上るものではない。これが現實の政治といふものである。若し國民自身がその信念を喪ひ、その感情が稀薄になるならば、もはや天皇制が存續する根據はなくなる。その時こそはその制度の終焉する時である。いつたい、かういふ天皇制支持論といふものはどういふ性格のものか。分りよくこれを一言で言ひ直すならば、これはつまり廢止延期論であります。（笑聲）それで天皇制問題に關して自分一個の意見をまとめようとなさるほどの方々は、御自分の天皇制擁護論はどういふ部類に屬するものであるかを吟味してごらんになる必要があるわけであります。それは自己の信念に基くもの、自己の國民的感情に基くところであるのか、或はもつと聰明な政治的見識から來るところの便宜論であるのか、その根據が何であるかを、自問自答してごらんになる必要がある。私はこれがいひたいのであります。

つぎに天皇制廢止論でありますが、この場合最も普通の論據といふものは天皇制と民主主義とは原理的に相容れない。ひとり天皇制といはず一般に君主制と民主主義とは一致するものではない。これが今日の廢止論の共通の論據だと思ひます。民主主義といふものはポツダム共同宣言の受諾によつて新たに生じたところのわが日本の新しき國是である。これは疑ふことができない。しかし戰爭前からこの天皇制といふものの廢止を考へ且つ主張してをつたものは日本共產黨である。共產黨の立場は天皇の理念とか本質とかいふものは余り論じない。それは一つの廣大な社會學的な制度觀であつて、その大きな社會勢力のかたまりとしての國家体制を破壞しなくてはならぬといふのがその主張であります。一兩日前に野坂參三氏が發表した一文に出て來る言葉でいふと、それは「封建的、專制的、軍事警察的制度としての天皇制」といふやうな、形容詞が四つも喰付いたやうな制度なのであります。野坂氏が個人の名で發表した見解では、その廢止せんとする「天皇制」なるものは、德田球一氏や志賀義雄氏が昨年からあちこちで述べてゐる天皇制よりも限定された意味の、もつと具体的な、特殊な形の國家組織のことであるといふことになると思ふのであります。すなはち單なる天皇制でなくして、共産黨の立場から廢止せんとしてゐるものは「封建的、專制的、軍事警察的制度としての天皇制」である。しかるに封建的な天皇制とか、專制的な天皇制といふものは、すでに次々に打たれた最高司令部の指令によつて、廢滅に歸してゐるのではなからうかといふ感がある。國民の個々の頭の中に殘つてゐる觀念はどうであらうと、苟も制度としてはそれはすでに存立しないのではないか。次に軍事的といふが、軍事的な天皇制はこれも粉微塵となつたあとである。日本の軍が解体してしまつてゐるのであります。最後に警察的といふが、特にこれは特高警察を意味するものとすれば、特高警察もとうに廢滅に歸してしまつてゐる。從つて、封建的、專制的、軍事警察的なる制度としての天皇制といふものは、一体現にあるのかどうかといふことが一つの問題ではないかとも思はれる。すでに無くなつてしまつたものを廢止せよ、といつてるやうにもきこえないでもない（笑聲）。しかし野坂氏は改めてさういふ天皇制を廢止しなければならぬと述べてゐる。恐らくそのいはんとするところは、さういふものが再現する惧れのないやうに、といふところにあるのであつて、さういふものが何かの機會にまた生れて來ることのないやうに、これを制度的に、憲法上からも根切りにしなければならぬと、それを考へてゐるのだと思ふのであります。

この共産黨の天皇制論といふものは天皇本質論ではなくて、これまで國家制度として事實上成立したところの重大な弊害を指摘すること、それが否定論の主たる內容をなしてゐることはすでに申上げる通りであります。この立場は日本共産黨によつてのみとられてゐる感があるけれども、實は黨以外の今日の自由思想家の中にも、ほゞ同樣の見解をとつてゐる人は相當多いものと考へなければなりますまい。先にも申上げましたが、天皇制廢止論は日本共産黨特有のものでも專賣でもない。政治的には共産主義から遠い立場の人や、さらに政治そのものからずゐぶん離れた立場の人々においても、今日までの天皇制といふものについては寧ろ消極的な考へを持つ場合があるものだといふことを知らなければならぬと思ふのであります。たゞその消極的な考へ方の生ずる出發點は時として全く別個のもので、國民的立場ともいふべきもの、さらには一層宏大な人間的立場ともいふべきものがあるのであります。

すなはち寧ろ皇室の將來を御案じ申上げるといふ國民的衷情から發するところの天皇制廢止論もあるのであります。また人間的立場において、君主そのものの地位への同情からして、その人間的解放を主張し、世襲君主制の不合理を論ずるといふこともあり得るのであります。畢竟するにそれはヒューマニズムの精神とは相容れない制度だといふことに歸するとも思ふのであります。

こゝで一寸、ヒューマニズムの問題と共産主義の立場について一言挾みたいと思ひますが、共産主義の理想そのものについて申すならば、これは凡そ人間が近代において達し得たところの殆んど一切の善美な精神をその理想の中に打込めてゐるのであります。これを否定するものは、近代に生れて近代を知らぬものだといはれても仕方がない。かへりみれば、久しきに亘つて、日本の政治と教育の根本方針は共産主義思想に對する極度の偏見を國民に注ぎ込んで來たのでありまして、いまなほ國民はお互ひに多少とも共産主義乃至共産黨に對しては疑惑と恐怖を抱いてをります。しかしながら共産主義者の抱懷する理想そのものの中には、何人も反對することの出來ない、高いもの、美しいものが、籠つてゐる。このことを否定するものは近代に產れて近代を知らぬものだといはれても仕方がないのであります。

私はさう思ひます。しかし政治鬪爭としての共産主義といふものには、凡ゆる政治鬪爭に共通な心理的要素も含まれてをり、殊にその根底には被壓迫者、被迫害者の痛烈な感情、すなはち憎惡と怨恨、時には復讐心といふやうなものも燃えてゐるのではないかと思ふのであります。この根本的な感情が、果して敗戰國たる日本の國民大衆を將來にわたつて率ゐるに相應しい、基本感情であるかどうか、これは一つの由々しき問題であらうと存じます。

共產主義といふものは勿論民主主義思想の一方的に徹底したものでありますから、あらゆる民主主義思想そのものは根底に近代的なヒューマニズムを、つまり人間的な思想を、たゝへたものである以上、共產主義にそれがないといふことはない。さりながら一つの政治鬪爭としての共產主義には暴力革命の思想が含まれてをつたのであつて、そしてそのやうな思想の現れには、一見してヒューマニズムとは相容れないところの凄じさがあるやうに思はれるのであります。こゝで力をこめて申上げねばならぬことは、凡そ解放された人間の思想感情には、どのやうな政治的立場をもつてしてもこれを包括することの出來ないやうな廣さも深さもあるといふことであります。そこに政治といふものを超えた思想の世界があるのだといふ一事であります。殊にかういふ時代情勢の下では、動もすると物を考へるのに政治に囚はれすぎる惧れがないとはいへぬ。一時的にもせよ、自由に物を考へる力を喪ふ場合が生じやすいと思ふ。今日のわれわれの危險は、最初に申上げたやうに、自由な思考力がまだ回復されてゐないといふところにあるのですが、自由な思考が回復されないところには民主主義も糸瓜もあつたものではないのであります。天皇制を默つて肯定してゐるのやら、默つて否定してゐるのやら、いづれであるのか分りませんが、現代日本の知識人、文化人の多數はまだ天皇制の問題について自分の所見を發表してをらぬ。そこにまだ依然として思考の凍結が殘つてゐるのでなければよいがと思ひます。しかしまた、解放された思想が直ちに一つの政黨的思想に拘束されてしまふといふのも、一つの新たなる危險ではないかと思ふのであります。

次ぎに天皇制支持論の基礎についても考へなければならぬことがあります。天皇制を支持についての、一定の政治的な見解と、それから皇室そのものに對する國民的な感情とを同視してはならぬといふことであります。假にこの二つのものが分け難い一つとして今日まで國民の胸にあつたものだとしても、いまはこの二つを分けて考へることが必要になつてゐる事態を辨へなければならぬ。國家体制としての天皇制を疑ふといふことは、必ずしもそれが皇室に對する國民的な感情の稀薄を意味するものではないのであります。却つて逆に、そのやうな感情のために天皇制については消極的な態度が生ずることも大いにあり得るものだといふことを注意する必要があると思ふのであります。皇室に對する國民的感情を基礎にして天皇制の支持を主張するといふことは如何にも尤ものやうなことであるが、しかしその感情なるものの内容を改めて分析する必要が生じてをります。皇室の御平安と將來長きお榮えを祈るために、寧ろ現在の君主政体は却つて根本から改めるに如くはないといふ考へも成り立つわけであります。小野氏の見解がその一例である。天皇制護持を主張する人々は小野氏のやうな考へ方をどう處理するか、それにどう答へるか、それを考へぬく義務があるわけであります。

總じて今日までの天皇制護持論は、かくも根本から革まつた國の内外の條件の下において、新しく鍛え抜かれた恰好をしてゐない。このことは第一に政黨的立場の各派についていへることですが、しかし自由な評論の形で行はれてゐるものでも、今のところ、十分に考へぬかれた揚句の結論として出てきてゐると思はれるものは乏しいのであります。

天皇制の支持といふことは、すでに今日のやうな條件の下では、思想の非常な惡闘を經過することなしに根據を得ることのむづかしいものであつて、それはありとあらゆる否定説の炎の中を潜り抜けることなくして到達し得る境地ではない筈であります。いはゞそれは天皇制に對する懷疑といふ懷疑の最も怖ろしい深淵の底から、つひに浮びあがつて來たものである場合にのみ、今日および今日以後の支持論たる性格を具備する筈のものであります。この點について、今日までの支持論は時代の條件を十分考慮する態度を欠いてゐるだけでなく、問題の思想的な困難さを自覺することにおいても甚だ十分ではない。そこには徹底した合理精神と民主精神の缺如が窺はれるやうに思ふのであります。

すでに皇室に對する國民的感情がらして、却て天皇制廢止論の成立する場合のあることはすでに申上げた通りですが、さらに自由な人間的立場といふものからも、否定論の生ずる理由は十分あるやうに思はれます。われわれの自由な人間的思考によれば、およそ一國の政治的運命を擔はなければならないやうな最高の地位が、傳統の方式によつて自由選擇の余地なく、特定の個人に歸せしめられるといふこと、そしてそのことも、その地位を去ることもとゞまることも、その人みづからの意志によつては絕對に拒みがたいといふ制度は、まさに一つの恐怖をさそふに値する制度ではありますまいか。いはんやその地位にあることが、人間としては普通に考へられぬ窮屈な條件によつて生活を束縛されることを意味するものだとすれば、そのやうな制度はいよ〳〵不合理なものであるのみならず、非人間的なものであるといはねばなりますまい。高い地位に立つことはよいことであるといふ考へや、大いなる權力をもつことは望ましいことであるといふ考へが、人間心理の中にあることは認めなければならないが、しかしこれに對する否定の精神も、洋の東西を問はず、人間の歷史と共に古いのであります。また、さういふ精神と同じではないが、一般に責任ある地位を畏れる心理といふものも、人間にはあるのであります。最も高くて、そして最も責任の重い地位こそ最も望ましい地位である、といふことが人間世界の公理だといふなら格別ですけれども、さういふ公理の存在し得ないかぎり、世襲君主制といふやうな制度を支持するためには非常に多くの理論上の難關を突破しなければならない。そしてその難關を通過し得た世襲制の理論があるとすれば、それは原形を殆ど失ふまでに變容されたものを見出すといふことになるのではないかと思ふのであります。われわれはこゝでは國民的感情をすら棄てて、もつと廣大な人間的立場において、一國の元首の地位なるものを、一般論の形で考察してみたのでありまして、この考察はまたわれわれ當面の問題に適應するものと信ずるものであります。

* * *

豫定して參つた事柄がまだまだ殘つてをりますが、すでに時間が廻つてをり、非常な寒さでありますので、この邊で話を打切つて座談會に移りたいと思ひます。長時間の御靜聽に感謝いたします（拍手）。

附録壹

國體観の政治的利用について

すでに取りあげた三つの座談會から、最後に天皇制と直接關聯ある二、三の重要問題を引き出しておきたいと思ひます。その第一は國体観または國体論の問題、第二は皇室における進歩的な役割の問題であります。日本の皇室は日本の革新のために相當の役割を果された。大化の改新でも、明治維新でも、政治を私し、政治を失したものがあるときに、民衆の力を結集する中心として皇室が立たれた。この第二の問題の出し方は、もちろん皇室護持論の立場からするものであります。これら第一、第二の問題は特に讀賣の座談會において活潑に論じられました。第一の問題は國体観の政治的な悪用といふことに焦點がおちてくるに反して、第二の問題は逆に國体観にもとづく國家革新といふ題目に觸れて行くのであります。

前者たおいては極めて近い實例として、國体明徴運動の終始があり、後者についてはこれまたそれと雁行して、昭和維新論なるものの實に雜多さはまる唱道があつたのであります。

天皇制なる國家制度が日本の政治において百害の源となつたにつきましては、これをどこまでも制度論として論ずるかぎり、憲法問題に歸着するはいふまでもない。また、軍部、官僚、財閥を中心とする專制政治がいかにして形成され、そしてそれがいかなる過程をふんで發展したかは、もちろん政治史家の課題でありませう。しかし天皇制の下における日本の現實政治は、近年における發展の前後を通じて、一つの觀念運動を伴つてをつた。あるひはそれを先行せしめてをつたことを忘れてはなりません。すなはち天皇制の問題は、一面において明らかに觀念の問題または思想の問題であつたのであります。この一面に焦點をあてて一應獨立に檢討すべきことが多々あるのであります。

國体といふ用語とその觀念とが甚だ警戒を要することは、座談會の多くの出席者が指摘したところでありましたが、その中の一人はこれについて注目すべき二つの見解を提出してをります。第一は國体觀念は明治政府の捏造であり、陰謀だといふこと、第二はこの觀念が日本人の頭を朦朧たらしめたといふことであります。

國体觀念が日本人の頭を朦朧たらしめ、聰明を奪つたといふ言葉は含蓄がふかいと私は思ひます。かへりみてこの見解に同意しない文化人、知識人はあるまいとおもはれます。殊に近年における神話的國体論の强制にいたつては、少國民の純粹な知的發育をいかに妨げたか測り知れないものがあるのであります。神話と科學とは相容れるわけのものでなく、神話的世界觀と科學的宇宙觀とはどのやうなことをしても調和する性質のものではない。その兩者を兩者ながら生活上の眞實として一つの頭につめこむことは、まさに教育における知的暴虐ではないかと思ひます。神話には神話としての存在理由があり、國民がその神話をもつといふのはよいことでありませう。しかし神話については別に正しい位置づけがなくてはならぬ。これまでの國体觀念が日本人の頭を朦朧たらしめるといふことは、ひとり神話的國体觀についてのみいはるべきことでなくて、君臣といふやうな封建的倫理觀についてもいはれなければならぬことだらうし、殊に國体概念そのものが論理的に明確でなく、哲學その他のあらゆる論理的思考のうへに靄のやうにかかつて來てをつたといふ事態は容易ならぬものがあつたのであります。

さて國体觀の捏造といふ第一の見解にたいしましては、わが國に國學の傳統のあることを指摘し、明治政府の意圖とは別に國体思想の流れのあることに注意をうながすこともできるのでありますが、しかし國体觀念の政治的惡用といふ一問題は、それによつて危險の深さを增すおそれすらありませう。國体觀の政治的利用といふ廣大な事實は、くだんの座談會でも語りつくされたわけではありませんので、私はこの點について若干の補足を試みたいとおもふのであります。

こゝ幾年、國体論が政治的意圖をふくめて惡用された事實は、きはめて廣汎な範圍にわたるのであります。それが軍部專制の觀念形態として、また財閥擁護の思想的武裝として、一つの生長を遂げた前後の顚末は、それひとつで尨大な一卷の書を成すに十分でありませう。これは最も周到な、冷靜な調査を必要とする事項の一つで、これこそは敗戰日本の深刻な反省の一つでなければならないと思ひます。

いはゆる國体明徵運動なるものが、政界、學界、思想界にわたつて發展し、支那事變、今次の戰爭の全過程において、わが國の思想言論のみならず、學校敎育の內容にわたつて浸透していつた前後の事情は、これを調査するとなれば廣大な資料が必要でありませう。その場合、國体明徵運動がつひに哲學的形態をとるにいたつた最後の一面なども、看却することはできないわけで、いはばその終末形態とも、最後的到達點とも名づくべき皇道哲學なるものが、いかに攻勢的態度をもつてわがアカデミズムの哲學に對立したか、いかに隨順と聽從を說くのみの敎義と化してゐたか、そして大政輔弼の任にあたるべき政治家の聰明に資する學問としての性格をいかに喪失してゐたか、などといふことも當然考察の範圍に入るべきものでありませう。

さらに「原理日本」一派の最も古くからの批判活動が綿密に檢討されなければならないのは當然だとして、その指導と影響下にあつた精神科學研究所その他の活動も、調査の範圍から漏れてはならないわけでありませう。また文部省直轄の國民精神文化研究所（後の敎學練成所）を根據とする敎學思想の前後の動向のごときは、國体明徵運動のいはば文敎面における主流として、大いに調査を必要とするものがあるでありませう。それらの諸潮流が戰爭に入つて、一般にヂヤーナリズムの領域にあらはれてくるまでには、さらに若干の新要素を加へました。文壇における新國學の提唱などをも吸收しまして、つひに最後に「國内思想戰」といふ容易ならざる形態にもつていき、そしてこれを擔當したものこそ大日本言論報國會、殊にその事務局でありました。

「國内思想戰」といふ考へ方こそは、實に昭和の國体明徵運動が最後に到達した運命の斷崖であつたといはなければなりません。軍部專制の觀念形態としての國体論の立場なるものが、いかに不合理と不條理に充ちたものであつたかをそれは露呈したのであります。いはゆる皇道哲學はこの末期において、みづからの役割を明らかにしたのでありました。近年日本哲學と稱するものが、隨順のみを說いて「榮え」すなはち歴史的進歩を忘失してゐると指摘した批評もなかつたのではありませんが、その批評も一般に注意を惹くには足りなかつたのであります。

われわれはすべてこれらの國体論者の背後に、何があつたか、なかつたかを注意、ぶかく吟味しなければなりますまい。個々の論者のなかには、この觀念運動の政治的性格を自覺しない、極めて主觀的な單純なものもあつたでせうし、その反對に軍と直結したものもあり、財閥となんらかの關繫のあつたものもあらうとおもひます。大日本言論報國會が生れるまでの內情、殊にその中核をなした一部評論家の黨派的活動とその政治的性格、その內部における同志關係、結社組織、背後關係および情報局官吏との聯繫事情のごときものは、明白にする必要のあることがらではなからうかと思ふのであります。

國体明徵の運動が、その發端の動機を左翼思想への恐怖と對抗においてゐた事實は、これを承認しなければなりますまい。日本の右翼化が、單に軍、官、財閥の思想工作による以外に、國民心理における反動としても、一つの趨勢であつたといふ見方さへ、若干の根據をもつでありませう。しかし今ここで、以上述べましたことと併せて、どうしても云ひおとしてならないことが他にあるのであります。近年における國体論の政治的惡用のうち、おそらくその尤なるものは、經濟問題への國体觀の持ち込みであつたといふ、この一事であります。經濟事象の本質に日本的なものや日本國体觀を求めるといふ傾向は、要するに經濟問題における合理的な思考を封殺せんとする意圖をもつものであつたのでありますҫそこで、いますこしこの方面の問題を立ち入つてお話しなければならないのであります。

近年における國体論の誤用または悪用の最も著しかつた領域は、經濟ないし產業の領域だつたと思ひます。それは實踐的な組織運動としては產報その他の報國運動としての形態をとり、他方、觀念運動としては經濟學における日本經濟の讃頌、國体經濟觀の提唱として發展したのであります。

經濟問題の領域への國体觀の持ちごみといふ仕事には、實は大きく分けると二種あるのであります。その一つはいはゆる經濟維新論の系統に屬するもの、他の一つはいかなる意味においても社會變革をめざすのではなく、逆にこれを抑止しようとする意圖を藏するものであります。前者は雜多きはまる主張をふくむもので、これは別箇に取扱ふ必要がありますから、今回は申上げません。後者は國体明徵運動の政治的性格をまつすぐに經濟面へ推しだしてをりまして、これこそは軍部專制の觀念形態、殊に財閥擁護の思想的武裝にほかならぬものであつたといへると思ひます。

この領域についての檢討は、みづからその時代の中に生き、そして經濟學の領域で働いた人々でなければ、それに當ることは却つて不可能にちかいかも知れません。ある特定の國体論の立場から發散する資本主義擁護の臭氣を滿喫し、そしてその立場から放たれる攻擊の矢を身をもつて受けとめた体驗をもつたものでないと、そもそもどんな形で階級的利害に關する問題領域に國体觀の政治的悪用が行はれたかを語ることはできないと思ひます。その意味において、この問題について何事かを直ちに語ることができるのは、戰時中言論界から身をひそめてゐた人々よりも、表面にふみとゞまつた一部の人々であり、そして右にいふ國体論者から監視され、非難され、襲擊された人々であるといはなければなりますまい。

しかし戰爭中、經濟や財政問題を積極的に論じたほどのものは、みな戰爭協力者であつたことはいふまでもない。したがつてそれらの論者のあひだに立場のうへのどういふ相違があつたらうと、なかつたらうと、結局問題ぢやない、いづれも五十歩百歩の連中ぢやないか、といふ意見もあらうと思ひます。この第一の立場からしますと、以下述べるところは大方無意義の詮議立てとなるであります。が、しかしまた、第二の立場があると思ひます。戰爭の前後の過程を通じて表面にあらはれてゐた經濟學の潮流も多種多樣であり、あくまで科學的、合理的、實證的な思考を護らうとし、あるひはこれを發展せしめようとしたものと、これに反して合理精神を否定し、非合理的、歷史的、倫理的要素をもつてこれにおきかへようとしたものとがある以上、これらを同一視しないことは今日においても十分に意義のあることだといふ立場であります。さらにまた戰爭過程そのものの中において、國內における社會經濟体制の變革を不可避と觀じ、その方向を積極的に論じたものと、これに反して旣存の關係を辯護し、あるひはこの問題を回避しようとしたものとがある以上、これらを識別することも併せて必要であるといふ立場であります。われわれはしばらくこの第二の立場にたつて問題を取扱ふこととなります。

經濟問題を國体觀念から割り出して處理しなければならないといふ考へ方は、いつたい何時ごろから生じ、そしてどこから出てきたものでありませうか。これは社會主義思想への批判または對抗として、最初はきはめて素朴な、そして幼稚な、あるひは最も俗惡な形で、學界とはおよそ無緣な領域で行はれたものでありました。しかしこの考へ方は徐々に右翼的なものから官僚の一部に浸透し、さらに文部省直轄の硏究所あたりに及び、そしてつひに學界の一部た浸入するにいたつたのであります。わが國の經濟組織や產業活動の本質に、何かしら國体的な觀念を見いださうとする傾向は、最初は最も非科學的な政治的指向として、つまり勞資協調主義よりも一層蒙昧な思想善導主義として、登場したのでありますが、しかしそれはいつまでもそのやうな狀態にとゞまることなく、やがて學問的な扮飾を凝らし、アカデミツクな學理や學說であるかのやうな僞裝をもつて、つひに學界に登場するにいたつたのであります。それのみではない。自由競爭の經濟理論と一つの國体觀との奇怪な混合物であるところの著作が、日本經濟學の黎明を告げるもののごとくに迎へられたのであります。

さういふ思想が最初から財閥の支持をうけ、また支配勢力の支持を受けたのみならず、産報運動の初期の指導理論としての役割を果したことも偶然ではないのでありまして、また、これほど讀書界の表面で歡迎され、そしてこれほど學界の內部で顰蹙の對象となつた連續數卷の書物も珍しいかと思ひます。この國体論的經濟學なるものの立場こそは、國体明徵運動の最後の到達點が、經濟問題の領域に突出してそのイデオロギー的本質を露呈したものにほかならず、その狙ひたるや、わが獨占資本主義体制の一つの觀念化にあり、その永久の固定化にあつたといはなければなりません。

およそ資本主義にたいする社會主義的な批判を反駁する途は二つや三つではないでせうが、しかしその最も極端なもの、世界に類を見まいとおもはれるものは、社會主義の批判そのものを反駁することではなくて、批判の對象となるやうな資本主義そのものがわが國に存在しないと主張することであります。社會主義の誤謬を指摘するための最も徹底した態度は、資本主義といふものは最初から日本には存在しないと辯明し、その不存在を證明することであります。日本經濟は明治以來國防經濟だつたといひ國体經濟だつたと强辯する。これが國体論的經濟學なるものの、ふてぶてしくもいひ切つた立場なのでありました。それは日本經濟の現實における矛盾や病弊を剔抉する能力をみづから喪失してゐるだけでなく、そのやうな剔抉を防止しようといふ動機に充されたものだつたのであります。

しかし經濟の領域における國体明徵論については、以上のことを述べるだけで十分とはいへません。この國体論的な立場が、戰爭の全期間を通じて、他の一般の經濟學者および經濟評論家にたいして次第に批判的攻勢の態度に轉じそ、の攻勢を昂めていつた前後の情勢は注目すべきものでありました。戰爭過程を通じて依然として根絶えることのなかつた革新的動向、この動向は一切の民主的なるものにたいするあらゆる抑壓にもかかはらず、歴史的にして進歩的なるものへの熄みがたき希求として、つねに潜在し、また顯在してゐたわけでありますが、この動向にたいしては、それはいつも番犬的な監視者、そして鬪爭的な批判者だつたのであります。

その革新論排撃の任務といふものは、實に持續的に組織的に遂行されました。「資本と經營の分離」はかれらによれば赤の思想であり、經濟書に國体觀の裏づけのないことはそれだけで惡書の貼紙がつくに十分なことであり、天皇といふ文字のみえない國家論は國家論としてすべて疑はしいものであり、そしてまた「必然」とか「生産力」などといふ言葉に關聯をあたへる言説は總じてマルクス主義の烙印を押されなければならないのでありました。革新的な經濟論はその一派から大逆思想をもつて呼ばれ、客觀的な論理の尊重は天皇陛下を信ぜざるものとして罵られたのであります。

もし國体觀の惡用といふことを、思想言論の面について申すならば近年經濟學ないし經濟評論の領域でこれが行はれた場合ほど、黨派的な暴威を逞しくした事例は見いだしがたいだらうと思ひます。私はこのことを自分の体驗にもとづいて申上げてをります。およそ階級的利害にむすびつくところの經濟制度上の諸問題が、いかに國体の立場においてその合理的な考察を阻まれたか、また、日本の經濟史的事實ならびに資本主義的現實への認識が、いかに國体觀の名のもとに歪曲されたか、すべてこれらは國体觀の檢討にさいして看却されてはならない一事だと考へる次第であります。天皇制の問題と直接に關聯する問題として、私はこの超絶的な國体論の立場なるものを反省してみることが矢張り必要ではないかと思つてをります。　（二月二十日米澤に於る同題の講演の一節）

附録貳

論議文獻の展望

天皇制に關する論議を大觀するつもりで資料を整理してみると、すでに容易ならぬ分量に達してをつて、とても全体をとりあげることはできない。そこでまづ次のやうな方針でこの仕事に臨むことにした。

第一、終戰前後のいはゆる國体護持に關する廟堂の論議はこれを扱はず、終戰に伴つて生じた國体護持論者の直接行動や言動についても觸れないこと。第二、この問題に關する聯合國殊にアメリカの輿論として傳へられてくるもの、その輿論の推移等は、これを別箇に扱ふべきものとして、取りあげないこと。第三、最高司令部の占領政策の進展に伴ひ、これまでの天皇制からその制度的諸要素の一部が取去られ、それと同時にそれに關して縷々說明があたへられた場合もあるが、それをここでは取扱はないこと。第四、天皇制の問題と直接に關聯して神道についての論議が國民の間でも行はれてゐるけれども、それは一應別箇に扱ひうるものとして觸れずにおくこと。第五、終戰後の臨時議會にあらはれた天皇制問答なるものは、むしろ問答それ自体が論議の對象となるほど奇妙至極のものだつたが、それは省略すること。もちろん同議會における天皇制支持の強い空氣そのものを輕視する意味ではない。第六、議會政黨各派の綱領にみられるところの天皇制にたいするそれぞれの態度は、當然對照されなければならないが、すでにそれは取扱つたものがあるから省略してもよい。第七、憲法學者の最近の天皇論も、當然天皇制論議の一翼をなすものだが、これは法律論の範圍に屬するものであるから、別の擔當者にゆづる。第八、新聞の投書欄にあらはれる天皇論はいづれも輿論調査的な角度からみて參考にはなつても、思考の獨自性に乏しいものは一々とりあげるわけにゆかない。

だいたいそんなふうにして、取扱ひの範圍をせばめてゆくと、あとに殘るのはさう非常にたくさんではなくなる。著名人の二三の座談會と新聞の若干の社說、それから約三十種ばかりの論文、單行本も三月までに二三種は刊行されてをり、豫告の出てゐるのも一二種ある。投書欄からは十篇以內を選むとして、別に杉山平助、藤森淸一郎兩氏の所見はひろはなければならぬ。いづれも朝日新聞の十一、十二月に掲載されたものだ。日本共產黨の領袖諸氏の二三の所論に注意を拂ふべきはいふまでもないとして、正木昊氏の所說「家畜性」（讀賣、十二月十二日附）もみおとすわけにゆかぬ。もちろん他方には佐野學氏の天皇論もある。佐野氏の主張を見るに適當なものは次ぎの二つの文獻である。

一、佐　野　學　著「天皇制と社會主義」（昭和廿一年二月、協同書房、四圓）
一、佐　野　學　「天皇制の人民推力機關化へ」（朝日評論、三月創刊號）

座談會は天皇制のみを主題としてゐるのではないが、まづ左の三つが最も注目すべきものだつた。

一、讀　賣　報　知「民主主義獲得への途」（十一月四日―九日、室伏高信、德川義親、鈴木安藏、志賀義雄、小野俊一、岩淵辰雄、松本治一郎）
一、朝　　　　日「總選擧に臨む」（十二月十三日―二十四日、鶴見祐輔、小山倉之助、安藤正純、水谷長三郎黑澤酉藏、志賀義雄）
一、每　　　　日「民主體制への强力展開」（一月一日―九日、安倍能成、室伏高信、水谷長三郎、志賀義雄、宮澤俊義、横田喜三郎、美濃部亮吉）

他に、十一月廿五日の討論放送「天皇制支持か否定か」（淸瀨一郎、德田球一、牧野良三、室伏高信）は、日本周報第三號（十二月廿三日）にその速記錄が掲載された。同誌同號には、アメリカの評論家ジョン・ガンサーの著書「アジ

ア の内幕」から抜萃された「日本天皇」が小林五郎氏の手で譯載されてゐることも注意をひくが、こゝで海外の資料文獻等を取りあげないことはさきに斷つたとほりだ。

討論ではないが、それにちかい形式に編輯したものは、自由公論一月號の「天皇制檢討」(志賀義雄、片山哲、牧野良三)である。同誌同號に「生活の混亂」と題する對談(安藤政吉、渡邊多恵子)があるが、天皇廢止について渡邊女史が述べてゐることはやはり注目される。比較的早くあらはれた有力な論文には、左の二つがある。

一、蠟山政道「我が國体と民主主義」(中央公論再建一月號)

一、細川嘉六「わが民族躍進の大道」(朝日新聞、一月一日――仝月七日)

しかし毎日新聞の特輯「天皇制の解明」(一月十日――廿三日)では左の六氏が執筆した。

一、若山淳四郎「神秘の衣を剝ぐ」

一、羽仁五郎「起源は武力征服者」

一、尾佐竹猛「憲政に占むる地位」

一、鈴木安藏「君側の寄生、圍繞」

一、野口八郎「地主と資本を代表」

一、藤　直幹「聖德、瑕瑾を識別」

天皇制についての自由な論議が約束されたのは、ほんたうはポツダム宣言受諾の日であつた。それが更めて十月四日最高司令部から要求され、そして日本のヂャーナリズムに自由な論議があらはれはじめたのは昨年十一月初旬だつた。それから十二月、一月の初旬にかけて約十週間、座談會形式や雜誌論文で問題が盛んにとりあげられるやうになつて、どうやら各方面の意見が一應出そろつたやうな感じをあたへたのが一月中旬。さて、出そろつた意見がどう發展するかといふときになつて、この問題の論議に、いはば一つの動きらしいものをあたへたのが、一月十四日の野坂氏および共産黨の共同聲明だ。それは天皇制の廢止と皇室の存置問題を分離して考へることができるといふ考へ方を表明したものだつた。野坂參三氏の主張を見るに適當なものは次ぎの三つの文獻である。

一、野　坂　鐵　「民主主義日本の建設」　人民叢書第二輯（昭和廿年十一月人民社、一圓）
一、野　坂　參　三「民主主義革命の展開」（朝日新聞、昭和廿一年二月十四日附）
一、野　坂　參　三「專制政治をやめ民主政治確立へ」（放送原稿、アカハタ三月廿三日附）

一方、幣原內閣は政黨各派の反對にもかかはらず、憲法改正をもつてその使命の一つとし、松本國務相を中心に憲法改正調査會をまうけ、輿論の動きとはおよそかけはなれた草案をねりつゝあつた。そのあひだにあつて進步黨、自由黨、社會黨、共產黨、いづれも各自の憲法改正草案を公表し、また憲法研究會、憲法懇話會などの民間團体からの草案のみならず、さらに憲法研究會の主要メムバーの一人である高野岩三郎博士個人の草案（大統領制）なども讀賣紙上に發表され、そしてこれら多數の草案が、いづれもその中に天皇制問題についてのそれぞれの主張を表明するものであつたことはいふまでもない。これらはすべて當面の憲法問題を直接動機としたところの一群の天皇制論議であつたみるべき一面をもつものだ。

しかし他方では、天皇制問題の解明または解決に必要な基本考的察を企てた論文も相當數に達してゐた。それらはいづれも憲法問題に直接ふれることを目的としてゐるのではなくて、天皇制問題についてまづ國民を根本的に啓蒙することが狙ひであつたといはなければなるまい。そしてこの種の論文の大部分が、天皇制廢止論の立場にある人々、殊に共產黨系の人々によつて書かれてゐるといふことも、なんら怪むにたらぬことだ。實際この問題に關するかぎり、知的關心をみたすにたる文章の九十五パーセントはこれらの人々によつて書かれてゐる。その第一は歷史的檢討に屬するもの、第二は制度的現實の分析を主とするものとに分けることもできるが、これら兩者はもともと別々の系統に屬するのではない。

定期刊行物の企畫のうち、天皇制問題について注目すべき特輯を試みた例としては、すでに擧げた每日の「天皇制の解明」を初めとして、社會評論再建二月號、世界評論二月號、太平三月號などのほかに、民主評論が十二月創刊號からして、戸田愼太郎氏の一連の論文をかゝげてゐることも注目を惹くにたるものだ。單行本としていちはやく刊行されたものに左の一書がある。

一、新井新平著「天皇制を裁く」（昭和廿一年一月、啓衆社、三圓）

この書は同問題に關する第一級の文獻にかぞへられなければならぬ。社會評論には主として德田球一、鈴木東氏、渡邊義通、伊豆公夫、大竹博吉、岡邦雄、森宏一の七氏、世界評論には「天皇制の科學的究明」と題して、伊豆公夫、湯本正夫、野口八郎の三氏、太平には山川均、渡邊義通、湯本正夫の三氏が執筆。

それから三月中、通信社からの原稿でおそらく全國の地方紙に連載されたらうとおもはれるものに、「新日本史」（山形新聞、昭和廿一年三月中）と題する特輯がある。天皇制の歷史的檢討を諸學者に時代別に分擔させて成功を收めて諸ゐる。執筆者は本田喜代治、伊豆公夫、藤間生大、石母田正、上杉重二郎、信夫清三郎、野口八郎の七氏。この問題に關して、いかに同一の執筆者がいたるところで活動してゐるかは、伊豆、湯本、野口、上杉などの諸氏の名が、このほかにもあちこちで見られるのでも感じられる。

かゝるあひだに、これも天皇制論議に直接つながる一つの事象だが、今上陛下を非難し奉る言辭が新聞等の一隅に明滅し、痛烈な論駁もまたおなじ場所にあらはれるやうなことが起きてゐた。一部の天制皇廢止論者がその攻擊を制度そのものに集中するは當然だとして、それが陛下御一身の御擧措にたいする批難にまでおよぶといふことは、多數國民のかつて夢想だにしないことがらであつた。しかし天皇制論議の最も包括的な展望では、かういふ事象の分析さへ、多少は必要であらうかとおもはれる。これについてはたとへば詩人中野重治氏がアカハタその他に發表してゐるものも取りあげらるべきであらう。

今上陛下の今次戰爭についての御責任の問題は右翼政黨も問題にするところで、殊に共産黨における天皇の戰爭責任追究は激越の相を呈してゐるが、しかし最近の天皇にたいする攻擊のなかには、戰爭責任の問題をはなれて、「偶像破壞」的な目的をもつたものもあるやうだ。これを新憲法制定直前の一時的な巷間の事象とみるべきか、そして新憲法定度後においては、再びある種の言辭はとりしまりの對象となるものとみるべきかどうか、いまのところ國民にとつて不明だといふよりほかない。

さて、このやうにして天皇制論議は十一月以來、ヂャーナリズムの主要題目の一つとして繼續し、殊に一月以後は論議そのものに發展の氣配もみえ、雜誌評論の面においては廢止論者の活動が壓倒的に優勢だつたのであるが、共産黨をのぞく政黨各派の憲法草案では、社會黨をはじめとしていづれもなんらかの形で天皇制を存置する方針を示してゐたのであり、さらに一方內閣の方針では、帝國憲法第一條から四條まで、全く手をつけずに存置する態度をとるものと傳へられ、こゝに言論界、政界、および內閣の周邊といふ三つのサークルのあひだに、一見して容易ならぬ懸隔が生じてしまひ、なかんづく天皇制問題にたいする政府の態度にいたつては、全く內外の輿論に超然たるおもむきを呈してをり、そしてそのやうな狀態で總選擧の時日が近づいてゐた。

政府の憲法改正草案要綱が突然のごとくに發表されたのはさういふ時期においてであつた。內容はかねて傳へるところとはがらりとちがつて、すでに改正草案をそれぞれ公表してゐた多くの政黨は「毒素をぬかれた」形となつた。

政府の草綱作成までのいきさつについては、松本國務相が八日に內閣記者團と會見したさいに述べてゐるが、そのなかで「主權在民」は法律的觀念でなくて政治的觀念だといひ、それは國民の總意が國政のすべてを決定することだと說明し、統治權が國家にあるか天皇にあるかといふことは法律的觀念だといひ、「よつて主權在民といふことは國体の問題となんら關聯のないこと」だと云ひきつた。

また七日幣原首相がAP通信のラッセル、ブラインズ氏に語つたとつたへるところによると、第一に「こゝ數ヶ月間、聯合軍司令部當局者と連結中の日本の憲法專門家は、恒久的な戰爭および武裝兵力の抛棄の成文化になんら異議を申立てなかつた」といつてをり、そして第二に「一方日本側は新天皇制の明確化に多くの材料を提供した」といつてゐる。憲法草綱における戰爭抛棄の規定は、司令部當局の直接の示唆によるところがあつたもののごとく、これに反して「新天皇制」は政府側の構想にもとづくものが多かつたと語るもののやうだ。

これらの事情、殊に政府が松本案を一擲しなければならなかつた前後情勢のあわたゞしい推移については後日いつそう明かにされる場合もあらうが、その一端は時事通信社の「政治特報」「時事解說」(いづれも日刊)などに多く傳へられた。「時事解說」(昭和廿一年三月廿六日—廿八日)の「憲法改正草案要綱、成案の經緯と概觀」(同社政經部次長宮本基氏執筆)はその記述の周到正確で包括的な點で無類である。

ところで政府草案にたいする內外の反響のうち、こゝでは特に草案の天皇制に關する部分についての反響を中心としていふのであるが、當時各紙の需めに應じて談話または論文を發表した人々の名を列擧すれば、高野岩三郎(每日、日本經濟、讀賣)蠟山政道(朝日、每日)、宮澤俊義(每日)、森戶辰男(朝日)、鈴木安藏(讀賣)、金森德四郎(朝日)、天野貞祐(東京)その他の諸氏である。しかし各紙の社說および政黨各派のこれにたいする態度表明は特に注目すべきものがあつた。各派の聲明にたいする批評では、平貞藏氏が時事通信社「時論要解」(日刊)に執筆してゐるものが注目に値しよう。憲法改正要綱が最高司令部との十分な聯絡のもとにできたといふ一事をおもへば、天皇制論議も、ヤマが見えたといふ感じはいなみがたい。

七月十五日附記。　なほ時事通信社版「時事解説」中の「時論要解」欄に直接間接同一問題に關聯して自分が執筆したものは次ぎのとほりである。

石原莞爾中將の戰後論とその若干の批評（四回）……昭和廿年十月十一日——十五日
戰爭責任論の歸趨とその思想性（四回）……同　十一月十七日——廿七日
天皇制論の諸系統とその思想的根據（八回）……同　廿一年一月十四日——二月十八日
憲法改正政府草案への反響（三回）……同　四月八日——五月十六日
文壇人の天皇論……同　五月廿日
愛國と階級國家……同　六月八日
愛國心の問題……同　十二日
知識階級の根本問題……同　廿九日
家族國家を否定す……同　七月八日

昭和廿一年七月二十一日印刷納本
昭和廿一年八月　五　日初版發行

「天皇論の大觀」

定價　三圓五十錢
送料　　　十錢

山形縣米澤市代官町五、二六五
著者　大熊信行

山形市香澄町木ノ實小路二五八
印刷者　五十嵐義矩

山形市香澄町木ノ實小路二五八
印刷所　山形活版社

山形縣廳內
發行所　社會教育協會出版係

複製にあたって

この小冊子の原本は、一九四六（昭和二一）年八月五日、山形県社会教育協会から刊行されたものである。当時の天皇制をめぐるさまざまな論議を展望した貴重な資料であるが、敗戦直後の混乱期に地方で刊行された小冊子であったためか、今日、その存在は、ごく一部の人にしか知られていない。原本の入手はほとんど不可能といってよく、国立国会図書館での閲覧は可能ではあるが、保存上の理由から、コピーは禁止されている。そのため、以前から、この冊子の復刻・複製を望む声が少なからずあった。にもかかわらず、その要望には応えられずに、今日に至った。

今回、著者の古くからの読者のかたのお骨折りで、保存状態のよい原本を入手できたのを機に、論創社から、限定少部数ではあるが、複製本を出してもらうことになった。憲法や天皇制について改めて考える際の、基礎的考察の資料として、また、そういう問題についての一次資料へのてびきとして、活用されたい。一読すれば、戦後思想史上、これを素通りしてはならないことが納得されよう。複製本であるため、不鮮明なところもあり、原本の誤植もそのままになっていることは、お許しを乞わなければならない。

この冊子の刊行当時、著者は五十三歳、郷里山形県米沢市に在って、創刊（昭和一九年四月）以来担当の『時事通信』（前年十月末までは『同盟通信』）「時事解説版」〈時論要解〉欄の「思想」分野（主査）の執筆を、一義的な仕事としていた。この仕事が、この冊子収録の講演内容や文献展望の、いわば下図となっている。

このように、〈時論要解〉の仕事を基礎作業として成った著書に、『国家はどこへ行く』『戦争責任論』『戦後のヒウマニスト』などがあり、著者によると、『天皇論』という一巻の刊行も予定されていた。しかし、出版社の経営破綻のため実現せず、渡してあった原稿も返却されずにしまったという。幸いにして、この冊子から、その未刊の『天皇論』の概要を推測することができる。

（榊原昭夫）

関係略年譜

一九四五（昭和二〇）年
8月14日　日本政府、ポツダム宣言の受諾を決定
　15日　天皇のラジオ放送で戦闘中止（敗戦）
9月2日　降伏文書に調印
10月4日　GHQ、天皇に関する自由討議を含む「政治的・民事的・宗教的自由の制限撤廃の覚書」
10月9日　幣原喜重郎内閣成立
一九四六（昭和二一）年
1月1日　天皇、人間宣言
　4日　GHQ、軍国主義者の公職追放、超国家主義団体の解散指令
2月3日　マッカーサー、日本憲法草案の作成を指示
　12日　＊大熊信行、山形県賃金委員会委員
　16日　＊大熊信行（講演）「天皇論大観」
　20日　＊大熊信行（講演）「国体観の政治的利用について」
3月6日　政府、憲法改正草案を発表（主権在民・天皇象徴・戦争放棄）
　23日　＊大熊信行、山形県地方労働委員会委員
4月10日　総選挙
　17日　政府、憲法改正草案正文を発表
　22日　幣原内閣総辞職
5月3日　極東軍事裁判所開廷
　22日　吉田茂内閣（第一次）成立
6月20日　憲法改正案、帝国議会に提出
8月5日　＊大熊信行『天皇論の大観』刊
9月24日　＊大熊信行「告白」序章（脱稿）
10月7日　日本国憲法成立
11月3日　日本国憲法公布
一九四七（昭和二二）年
1月4日　公職追放令改正。追放の範囲が言論界にも拡大。＊大熊信行も適用を受ける
4月20日　参議院議員選挙。同25日、衆議院議員選挙
5月3日　日本国憲法施行
6月1日　片山哲内閣成立

天皇論の大観

二〇一一年七月十五日　初版第一刷印刷
二〇一一年七月二十日　初版第一刷発行

著　者　大熊信行《おおくまのぶゆき》

発行所　論　創　社
東京都千代田区神田神保町２―23　北井ビル２Ｆ
電　話　（〇三）三二六四―五二五四
振替口座　〇〇一六〇―一―一五五二六六
ＵＲＬ　http://www.ronso.co.jp/

印刷／製本　中央精版印刷

ISBN978-4-8460-1071-3

9784846010713

1920036010004

ISBN978-4-8460-1071-3
C0036 ¥1000E

論創社

定価（本体1000円＋税）